# Les formes

## avec les animaux aquatiques

Mélanie Wa

Les éditions Scholastic

Dans l'océan...

# Un
# triangle

Les poissons nagent.

# Un
## carré

Les raies longent le fond.

Un
rectangle

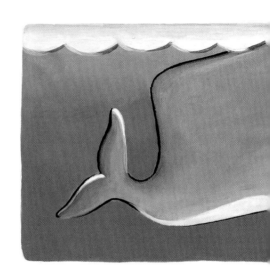

Les baleines soufflent.

# Un
# cercle

Les poissons-globes se gonflent.

# Un ovale

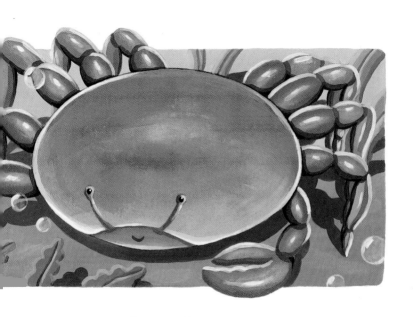

Les crabes pincent.

# Un
# pentagone

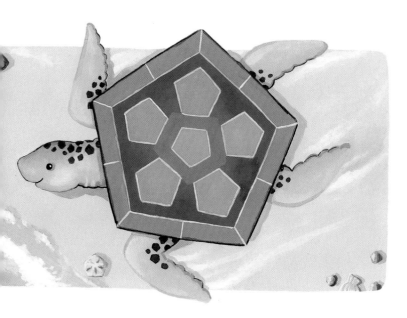

La tortue marine rampe.

# Une
# étoile

Les étoiles de mer s'accrochent.

# Un
# croissant

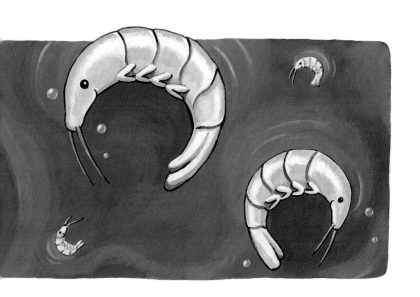

Les crevettes font des culbutes.

# Une
# spirale

Les escargots glissent.

| Un triangle | Un carré | Un rectangle | Un cercle |
|---|---|---|---|

| Un ovale | Un pentagone | Une étoile | Un croissant | Une spirale |

Pour mon grand-père Leblanc, qui savait
créer des objets magnifiques en bois.

Copyright © Mélanie Watt, 2003, pour le texte et les illustrations.
Copyright © Les éditions Scholastic, 2003, pour le texte français.
Tous droits réservés.

Illustrations réalisées à l'acrylique.
Texte composé en caractères Maiandra.
Conception graphique de Karen Powers.

Il est interdit de reproduire, d'enregistrer ou de diffuser, en tout ou en partie, le présent ouvrage par
quelque procédé que ce soit, électronique, mécanique, photographique, sonore, magnétique ou autre,
sans avoir obtenu au préalable l'autorisation écrite de l'éditeur. Pour la photocopie ou autre moyen de
reprographie, on doit obtenir un permis auprès de Access Copyright, Canadian Copyright Licensing
Agency, 1 Yonge Street, bureau 1900, Toronto (Ontario) M5E 1E5 (téléphone : 1 800 893-5777).

Édition publiée par Les éditions Scholastic, 175 Hillmount Road, Markham (Ontario) L6C 1Z7,
avec la permission de Kids Can Press Ltd.

5 4 3 2 1       Imprimé à Hong-Kong, Chine       03 04 05 06

Catalogage avant publication de la Bibliothèque nationale du Canad

Watt, Mélanie, 1975-
  Les formes / Mélanie Watt.

(Apprendre avec les animaux)
Traduction de: Shapes.
ISBN 0-439-97019-9

1. Perception des formes--Ouvrages pour la jeunesse. 2. Animaux--Ouvrages pour la jeunesse. I. Titre.
II. Collection.

QA445.5.W3814 2003       j516'.15       C2003-901554-8